Der kleine Koch

Lieblingsrezepte für Kinder

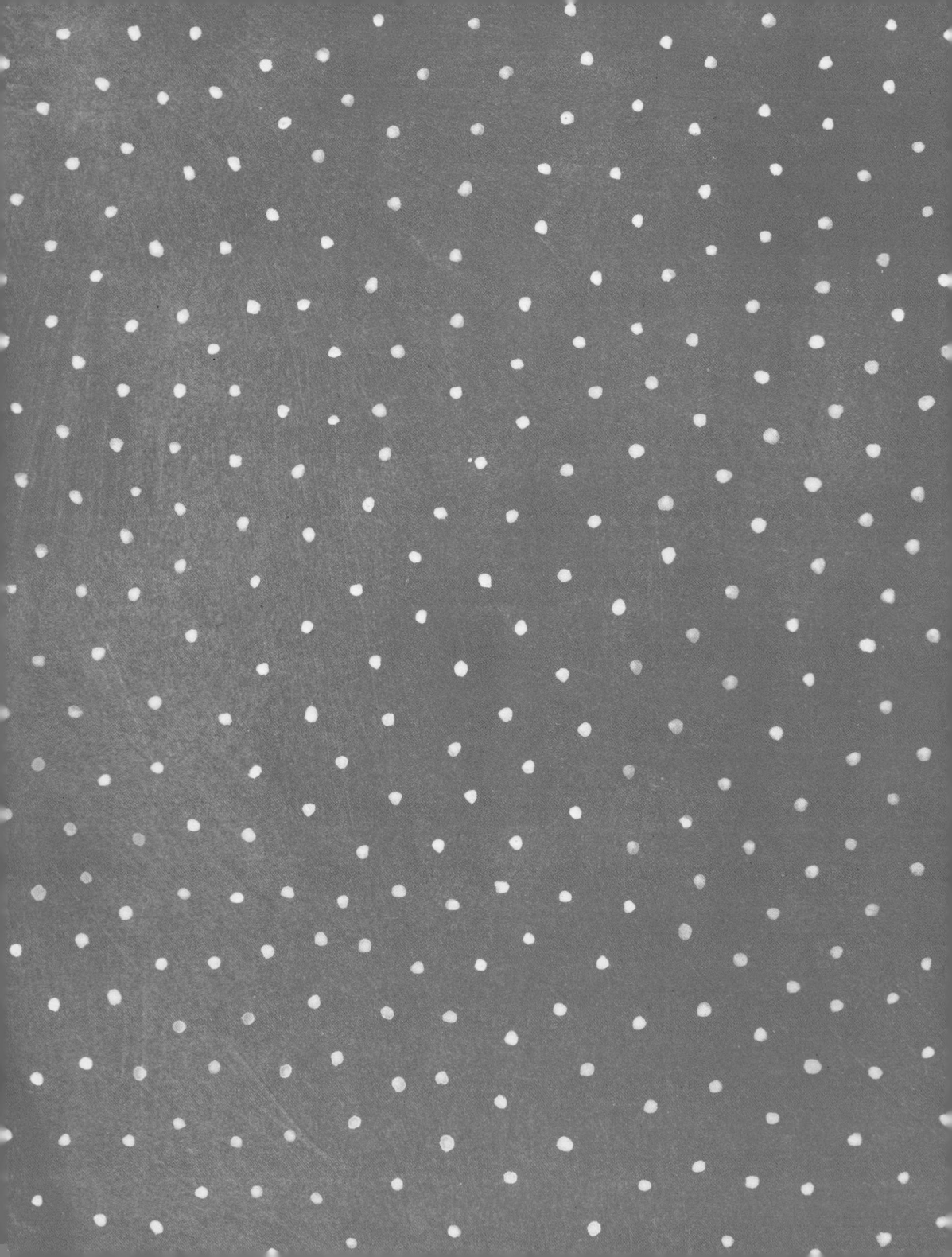

Inhalt

Rezepte

Frühling

Sommer

Herbst

Winter

Liebe Kinder,
ich bin der kleine Koch!

Seit Jahren stöbere ich in den Gemüse-gärten und Bauernhöfen in meiner Nach-barschaft herum, um Leckereien zu finden, die Kindern schmecken. Aber auch auf den Märkten in der Stadt. Da verkaufen die Bauern und Gärtner nämlich das, was sie herstellen. Dabei sind mir schon viele lustige Sachen passiert, ich habe viel Neu-es entdeckt – und ich habe meinen Freund gefunden: das Radieserl.

Ihr wollt bestimmt wissen, was ich gerne esse: Ich liebe zum Beispiel Pfannkuchen, Eintöpfe mit vielerlei Gemüse, leckere Knödel und natürlich frische Beeren aller Art – auch damit kann man ein Gericht zubereiten oder aber sie gleich frisch ver-speisen! Auch eine Hühnersuppe ist fein und tut mir gut, wenn ich mal krank bin und Schnupfen habe. Am bes-ten schmeckt es mir, wenn ich selbst gekocht habe. Und Kochen macht mir irre viel Spaß. Ach was, Essen macht mir genauso viel Spaß, deshalb bin ich so glücklich und gesund.

Mein Freund, das Radieserl, ist immer dabei, wenn ich einkaufe oder koche. Es hat die beste Spürnase. Und es weiß genau, welches Gemüse gerade reif für die Ernte ist. Es ist nämlich nicht so, dass immer alles zu jeder Jahreszeit wächst. Jedes Ge-müse hat seine Jahreszeit – manche mögen den Sommer lieber und manche den Herbst. Der Kürbis hält – gut gelagert – den Winter durch. Und der Spargel mit seinen hellen Spitzen und die Erdbeeren mit ihrer roten Farbe und ihrem süßen Geschmack künden uns jedes Jahr an, dass der Sommer vor der Türe steht. Oh, wie freue ich mich darauf!

Und wenn es etwas im Winter nicht gibt, koche ich es vorher ein, so wie die schö-nen runden Tomaten. Ein Fest, wenn ich dann mitten im Winter ein Glas Sommer aufmache!

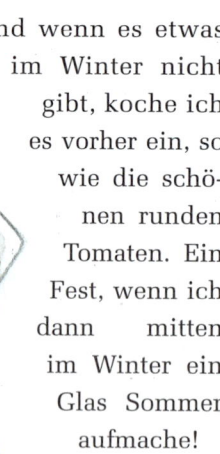

Aufgepasst, liebe Kinder: Das Radieserl und ich, wir begleiten euch in diesem Buch dabei, auch kleine Köche zu werden. Denn Selberkochen ist ein Riesenspaß! Alles schmeckt dann so, wie ihr es wollt. Meine Rezepte sollen euch Ideen geben; aber wenn ihr bessere Vorschläge habt, seid mutig und probiert sie aus! Vielleicht Kräuterquark mit Schokolade? Na ja, vielleicht schmeckt das komisch, aber Quark mit Beeren und Vanille. Oder Pfannkuchen mit Tomatensoße?

Kommt, wir probieren zusammen aus, was uns schmeckt! Das Radieserl und ich begleiten euch dabei. Immer fleißig ausprobieren, sonst wird es langweilig!

Passt nur immer sehr gut auf, wenn es heiß ist und dampft oder ihr ein Messer in der Hand habt.

Das Radieserl und ich beschließen dann immer, keinen Quatsch zu machen. Sonst tut sich einer weh. Also, wenn es dampft, den Papa oder die Mama rufen und ihnen sagen, dass sie mal schauen sollen. Wenn ihr ein Messer benützt, nur auf dem Brett damit schneiden. Nicht damit durch die Küche laufen oder gar damit fechten! Das kann ganz schön ins Auge gehen! Was man noch so braucht, seht ihr auf den nächsten Seiten.

Vor dem Kochen kommt das richtige Einkaufen. O ja, bevor ihr losgeht, schreibt eine Einkaufsliste! Sonst vergesst ihr doch die eine oder andere Zutat. Also nehmt euch ein Rezept vor und schreibt ab, was da steht oder fragt eure Eltern, ob ihr die Dinge vielleicht schon zu Hause habt.

Die frischen Sachen aus der Jahreszeit findet ihr auf dem Markt oder im Bioladen. Am allerallerliebsten fahre ich auf den Bauernhof oder zum Gemüsegärtner. Da kann ich dann selber schauen, was da los ist und was es gerade Frisches gibt. Ihr könnt auch nachsehen, was ich gerade zu der entsprechenden Jahreszeit empfehle – der Saisonkalender hilft ebenfalls.

Das Radieserl und ich wünschen uns, dass ihr große Kochentdecker werdet! Und wir wünschen euch viel Spaß und einen guten Appetit!

Dein kleiner Koch mit seinem Freund Radieserl

Tipps und Arbeitsmaterialien für ein erfolgreiches Kochen

Einkaufen

Einige der Zutaten für unsere leckeren Gerichte hast du bestimmt zu Hause, andere musst du einkaufen gehen. Ich empfehle, alles, soweit möglich, in Bio-Qualität zu kaufen – oder direkt vom Produzenten. Das ist vor allem wichtig bei Lebensmitteln, die vom Tier stammen – also Milch, Sahne oder Butter sowie Eier und Fleisch, Wurst oder Schinken. Käse, Eier oder Wurst vom Discounter sollte man auf jeden Fall vermeiden – diese Produkte kosten zwar wenig, sie sind aber weder umweltverträglich noch tiergerecht, noch fair für die Bauern hergestellt worden.

Unser Buch ist so aufgebaut, dass es sich nach den Jahreszeiten richtet: Ein Großteil der Zutaten hat dann also Saison. Lebensmittel, die Saison haben, sind besonders frisch und aromatisch, nicht so weit mit dem Lkw oder dem Flugzeug transportiert worden und in der Regel auch billiger. Wir brauchen für unsere Rezepte keine Tiefkühlware und keine Fertigprodukte.

Zum Einkaufen empfehle ich Wochenmärkte oder Bioläden, aber natürlich gibt es auch gute Supermärkte, Gemüse- und Käsehändler oder Metzger. Manchmal lohnt es sich auch, ab und an mal aufs Land zu fahren und auf einem Bauernhof direkt zu sehen, wie Lebensmittel produziert werden.

Schütze deine
Kleidung mit einer
Schürze oder einem
Geschirrtuch.

Benutze Topflappen, damit
du dich nicht an Töpfen oder
dem Backblech verbrennst.

Tipps für junge Köche

Wasche vor dem
Kochen deine Hände!

Räume nach dem Kochen auf: Wische die Arbeitsflächen ab,
stelle Mehl, Zucker, Gewürze, Öl etc. zurück, packe Reste des
Essens in Dosen und in den Kühlschrank und spüle Geschirr
und Töpfe, Schüsseln und so weiter ab. Und Achtung: Hast
du den Herd und die anderen Geräte abgeschaltet?

Trage beim Kochen
geschlossene Schuhe –
falls einmal Glas zu
Bruch geht oder ein
Messer herunterfällt.

Küchenwerkzeug

Schaue bei jedem Rezept, was du an Küchenwerkzeug benötigst.
Folgendes Küchenwerkzeug brauchst du häufiger und solltest du griffbereit haben:

Wenn du etwas schneidest, musst du immer ein Schneidebrett unterlegen.

Das Messer, das du zum Schneiden von Gemüse oder Obst benötigst, muss scharf sein. Wenn es stumpf ist, schneidet man sich eher. Zum Schneiden von Brot oder Tomaten eignen sich Messer mit geriffelter Klinge.

Zum Braten braucht man eine Pfanne. Eine Pfanne mit Antihaftbeschichtung eignet sich in den meisten Fällen. Schneide oder rühre darin nicht mit Gegenständen aus Metall, damit die Pfanne nicht zerkratzt.

Zum Rühren von Soßen oder Teig verwende einen Holzlöffel.

Zum Kochen braucht man einen Topf. Ob du einen großen oder einen kleinen Topf benötigst, steht bei den Rezepten dabei.

Praktisches und kleine Helfer

Wenn etwas danebengeht, solltest du es gleich aufwischen oder aufkehren. Vor allem, wenn es auf den Boden fällt oder tropft.

Siebe benötigst du für Verschiedenes: Zum Abgießen von Nudeln oder zum Abtropfen von Salat beispielsweise verwendet man ein Sieb mit großen Löchern, um Mehl oder Puderzucker zu sieben, wird ein feines Sieb benötigt.

Eine grobe Reibe
nimmt man
für Kartoffeln,
Karotten, Äpfel
oder auch für Käse
zum Überbacken.
Feine Reiben
braucht man für
harten Käse oder
Muskatnuss.

Der elektrische Handrührer
oder auch Handmixer
ist ein praktischer Helfer
mit vielen Funktionen:
Rühren, Kneten, Mixen …

Der Sparschäler
hilft beim
Schälen von
Apfel, Karotte,
Spargel oder
Kartoffel.

Einen Messbecher
brauchst du zum
Abmessen von
Flüssigkeiten.
Er hilft auch bei Zucker
oder Mehl, wenn man
keine Waage hat.

Die Waage ist in der Küche fast unersetz-
lich, denn viele Rezepte haben Gewichts-
angaben für die Menge der Zutaten.

Vorratskammer

Das solltest du immer zu Hause haben:

 Mehl

 Pfeffer

 Butter

 Zucker

 Salz

 Muskatnuss

 Öl

 Bio-Eier

 Vanilleschoten

Jahreszeitenkalender

Liebe Köchinnen und Köche,

ob Frühling, Sommer, Herbst oder Winter – jede Jahreszeit kennt ihre Lieblingsleckereien. Mit unserem Jahreszeitenkalender erfahrt ihr, welche Obst- und Gemüsesorten bei uns gerade reif und frisch auf dem Markt zu bekommen sind. Solche erntefrischen Zutaten verwenden wir am liebsten in unseren Rezepten, die wir daher auch nach den Jahreszeiten sortiert haben.

Am besten also, ihr kauft Gemüse und Obst dann, wenn es bei euch in der Nähe erntereif ist. Heimische Produkte müssen nicht weit transportiert werden und können natürlich reifen. Das schützt nicht nur die Umwelt, sondern ist auch viel leckerer und gesünder. Wann bei uns und in unseren Nachbarländern das leckerste Gemüse und die saftigsten Früchte geerntet werden, seht ihr auf der folgenden Seite.

Wann ist was reif?

🟩 Aus Freilandanbau
(immer 1. Wahl)

🟧 Aus dem Lager

🟦 Aus dem Gewächshaus
(hoher Energieverbrauch)

Saison-Kalender (G = grün, O = orange, B = blau; leer = nicht verfügbar)

	Jan	Feb	März	April	Mai	Juni	Juli	Aug	Sep	Okt	Nov	Dez
Gemüse												
Auberginen				B	B	B	B	G	G	G		
Blumenkohl						G	G	G	G	G	G	
Brokkoli						G	G	G	G	G	G	
Erbsen						G	G	G		G		
Kartoffeln	O	O	O	O	O	G	G	G	G	G	O	O
Kohlrabi	O	O	O	B	B	G	G	G	G	G	B	B
Kürbis	O	O	O	O			G	G	G	G	O	O
Lauch	G	G	G	G				G	G	G	G	G
Möhren	O	O	O	O		G	G	G	G	G	O	O
Paprika						B	G	G	G	B		
Rhabarber					G	G						
Radieschen				B	G	G	G	G	G	G		
Rote Bete	O	O	O	O		G	G	G	G	G		O
Kopfsalat				B	B	G	G	G	G	G		
Gurken					B	G	G	G	G	G		
Spinat	B	B	G	G	G				G	G	B	B
Tomaten						B	B	G	G	G		
Obst												
Äpfel	O	O	O					G	G	G	O	O
Aprikosen								G	G			
Erdbeeren					G	G	G					
Himbeeren						G	G	G				
Johannisbeeren						G	G					
Kirschen						G	G					
Zwetschgen							G	G				

Frühling

Gratinierte Pfannkuchen

ergibt 8 Pfannkuchen, für 4 Personen

Für den Teig:

150 g (Vollkorn)mehl

250 ml Milch

4 Bio-Eier

Prise Salz

1 Bund Schnittlauch

Pfeffer aus der Mühle

Prise Muskatnuss

Butter oder Öl zum Braten

Für die Füllung:

2 Kohlrabi mit Grün

2 Karotten mit Grün (schau, dass du richtig frische Karotten bekommst: Dann brauchst du nämlich die Karotte nicht zu schälen und kannst das Grün mitessen.)

4 Frühlingszwiebeln

40 ml Apfelsaft

50 g Frischkäse

40 g Butter

Salz, Pfeffer

Zuerst schlägst du die Eier an der Kante der Schüssel auf und lässt das flüssige Ei in die Schüssel gleiten. Falls etwas Schale in die Schüssel fällt, fischst du sie einfach wieder raus. Gib die Milch dazu, verrühre Eier und Milch und siebe dann das Mehl durch ein feines Sieb ebenfalls in die Schüssel. Fest mit dem Schneebesen schlagen, sonst klumpt das Mehl.

Dann schneide den Schnittlauch in feine Ringe und gib ihn zum Teig. Mit Salz, Pfeffer und Muskatnuss abschmecken. Das heißt, du solltest nach und nach ein wenig Salz, Pfeffer und Muskatnuss dazugeben. Immer wieder probieren, bis es dir schmeckt.

Erwärme 1 EL Fett in der Pfanne und gib eine Schöpfkelle Teig dazu. Schwenke die Pfanne so lange, bis der Teig sich gut verteilt hat, und brate den Pfannkuchen langsam goldbraun an. Wenn der Teig fest ist, wende den Pfannkuchen mit einem Bratenwender oder (und das macht viel mehr Spaß) wirf ihn mit einer mutigen Bewegung nach oben und fange ihn mit der Pfanne wieder auf, Bravo! Nochmals rund 1 Minute bräunen lassen und dann raus damit.

Mach mit dem restlichen Teig das Gleiche und übe unbedingt das Werfen! Fertige Pfannkuchen gestapelt auf einem Teller zur Seite stellen.

Für die Füllung schneide die Karotten in feine Scheiben und hacke das Karottengrün, dann schäle die Kohlrabi, schneide sie auch in feine Scheiben und hacke das Grün ebenfalls. Schäle die Zwiebeln und schneide sie in feine Scheiben.

Zerlasse die Butter in einer Pfanne und gib Karotte und Kohlrabi dazu, das Grün erst später!

Rühre das Ganze etwa 5 Minuten, dann gib die Frühlingszwiebeln dazu und lösche das Ganze mit dem Apfelsaft ab. Nimm die Pfanne vom Herd und rühre den Frischkäse und die beiden Grün unter und schmecke das Gemüse mit Salz und Pfeffer ab.

Verrühre in einer weiteren kleinen Schüssel den Käse mit dem Eigelb und der Sahne.

Belege die Pfannkuchen auf einer Hälfte mit deinem Gemüse, klappe die andere Seite darüber, lege sie in eine feuerfeste Form und gib die Käsemischung obendrauf. Gratiniere das Ganze bei 220 °C im Ofen, bis der Käse eine schöne Farbe hat und die Käse-Ei-Sahne-Masse stockt.

Zum Gratinieren:

150 g geriebener Hartkäse (Gruyère)
1 Bio-Eigelb
60 ml Sahne

Außerdem:

kleine Schüssel
feines Sieb
Rührschüssel
Schneebesen
beschichtete Pfanne

Tipp:

Probiere als Alternative süße Pfannkuchen: Mach das alles wie zuvor, aber ersetze den Schnittlauch durch Zitronenmelisse, die Gemüse durch frisches Obst (Anfang Frühling noch Äpfel oder Birnen, später auch schon Erdbeeren), Salz und Pfeffer durch Zucker, Käse durch weiße Schokolade, superlecker!

Pizza Kunterbunt

ergibt ein Backblech, für 4 Personen

Zutaten:

300 g Mehl

1/2 TL Salz

20 g Hefewürfel

190 ml lauwarmes Wasser

2 EL Olivenöl

250 ml Tomatensoße (zum Beispiel nach dem Rezept von S.34)

Gemüse deiner Wahl (Pilze, Paprika, Zwiebeln, Artischocken, Oliven …)

vielleicht Schinken oder Salami

Reibekäse nach Lust und Laune

Außerdem:

große Schüssel

Olivenöl für das Backblech

Mehl zum Bearbeiten

sauberes Küchentuch

Backblech, Backpapier

Ofenhandschuhe oder Topflappen

Zuerst musst du das Mehl mit dem Salz in eine Schüssel sieben und eine Mulde eindrücken. Dann die Hefe in einem Becher zerbröckeln, mit 2 EL lauwarmem Wasser glattrühren und in die Mulde im Mehl geben.

Etwas Mehl mit der Hefe verrühren und ein wenig Mehl auf diesen Brei geben. Mit einem Tuch bedeckt „gehen lassen", bis die Oberfläche Risse zeigt. Das dauert ca. 15 – 20 Minuten.

Jetzt geht es ans „Bazeln": Nach und nach 1/8 l lauwarmes Wasser und das Öl dazugießen und mit den Händen Mehl und Flüssigkeiten vermengen. Den Teig so lange kneten, bis sich Blasen bilden und er nicht mehr an der Schüssel klebt. Puuuh, da brauchst du Kraft! Weiterkneten, bis der Teig glatt und geschmeidig ist. Dann den Teig mit Mehl bestäuben. Mit einem Tuch bedeckt bei Raumtemperatur gehen lassen, bis er doppelt so groß geworden ist (etwa 30 Minuten).

Das Backblech mit Öl einfetten oder mit Backpapier auslegen. Den Backofen auf 220 °C vorheizen.

Den Teig nochmals kräftig durchkneten. Auf der bemehlten Arbeitsfläche dann einen Ball formen und daraus mit dem Nudelholz einen möglichst runden Pizzaboden in Größe des Backblechs ausrollen oder mit dem Handballen flach drücken. Vorsicht! Immer genügend Mehl auf die Arbeitsfläche streuen, sonst klebt der Teig sofort fest.

Auf das Blech legen und zuerst mit der Tomatensoße bestreichen. Dann kannst du die Pizza belegen mit allem, was du gerne magst. Zum Schluss Käse darüberstreuen und ab in den Ofen! Die Pizza im Backofen (unten) 20 – 25 Minuten backen, bis der Teig knusprig ist.

Vorsicht, der Ofen und das Blech sind sehr heiß! Lass dir helfen und benutze Ofenhandschuhe.

Tipp:
Pizza ist eine tolle Idee für Kinderfeste, weil man sie mit ganz vielen verschiedenen Zutaten belegen kann. So ist für jeden Geschmack etwas dabei.

Risibisi mit Frühlingsgemüse

für 4 Personen

Zutaten:

200 g Rundkornreis

2 EL Sonnenblumenöl

500 ml Gemüse- oder Hühnerbrühe

400 g Erbsenschoten

1 Bund Frühlingszwiebeln

4 Stangen weißer Spargel

4 Stangen grüner Spargel

40 g Butter

60 g Bergkäse, gerieben

Saft von einer halben Zitrone

40 g Kerbel

Blüten (Borretsch, Gänseblümchen, was auf den Wiesen wächst)

Salz und Pfeffer

Schwitze den Reis bei mittlerer Hitze in einem Topf in dem Sonnenblumenöl an, bis er leicht glasig wird, dann gieße mit der Brühe auf und lass den Reis so ca. 20 Minuten köcheln.

In der Zwischenzeit pulst du die Erbsen aus den Schoten, schneidest die Frühlingszwiebeln in dünne Ringe, schälst den grünen und weißen Spargel und schneidest ihn auch in 1 cm dicke Scheiben.

Dann lässt du die Butter in einer großen Pfanne bei mittlerer Hitze zerlaufen und gibst das ganze Gemüse dazu, würzt es mit Salz und Pfeffer und lässt es so ca. 8 Minuten in der Butter braten. In der Zwischenzeit sollte dein Reis fertig sein und die gesamte Flüssigkeit aufgesaugt haben. Er sollte saftig sein und noch einen leichten Biss haben. Nun rühre alles Gemüse unter den Reis, nimm den Topf vom Herd und rühre den Käse ein und schmecke das Ganze mit dem Zitronensaft ab.

Richte das Risibisi auf Tellern an und garniere es mit dem Kerbel und den Blüten. Jetzt hast du dir den Frühling in seiner gesamten Pracht in dein Zuhause geholt.

Tipp:

Man kann natürlich auch anderes Gemüse nehmen: Spinat, Kohlrabi, Champignons, Karotten, junge Rote Bete. Deiner Fantasie sind keine Grenzen gesetzt!

Seemannsfutter mit Blubbspinat

für 4 Personen

Für das Seemannsfutter:

4 Stücke Fisch (Forelle oder Saibling)
à 150 g (ohne Haut und Gräten)

1 Bio-Ei

400 g Paniermehl (Semmelbrösel)

100 g Mehl

1 Zitrone

2 EL frische Kräuter (wie Petersilie,
Rosmarin, Thymian)

100 g Butterschmalz oder Pflanzenöl

Salz und Pfeffer

Außerdem:

große beschichtete Pfanne
Pfannenwender

Für den Blubbspinat:

500 g Spinat vom Gärtner
oder vom Markt

1 kleine Zwiebel

100 ml Sahne

1 Prise Muskatnuss, frisch gerieben

Salz und Pfeffer

3 EL Pflanzenöl

Außerdem:

großes Gemüsesieb
mittelgroße Schüssel
Gemüsemesser
großer Topf mit Deckel

Für das Seemannsfutter brauchst du zuerst einmal eine Panierstation. Das heißt, du baust dir 3 Teller in einer Reihe auf. Dann gibst du von links nach rechts in den 1. Teller das Mehl, in den 2. zerschlägst du das Ei und verquirlst es mit einer Gabel und in den 3. Teller gibst du das Paniermehl. In das Paniermehl reibst du die Schale von einer Zitrone und, wenn du möchtest, 2 EL frisch gehackte Kräuter.

Nun legst du den Fisch auf einen Teller und würzt ihn von allen Seiten mit Pfeffer und Salz.

Dann muss der Fisch paniert werden: zuerst in Mehl wenden! Gut abklopfen, dann in Ei wenden und zum Schluss im Paniermehl wälzen. Nicht zu fest drücken, sonst wird die Panade nicht knusprig.

Nun in einer Pfanne das Butterschmalz erhitzen. Und wenn es heiß ist, den Fisch ganz vorsichtig darin backen, bis er goldbraun ist – also etwa 6 – 8 Minuten. Um herauszufinden, ob das Fett heiß ist, ein kleines Holzstäbchen oder einen Holzlöffel in das Fett halten. Wenn sich Blasen darum bilden, ist das Fett heiß. Vorsicht! Nie mit Wasser testen, das kann ganz fürchterlich spritzen und sogar brennen.

Nochmals Vorsicht: Wenn das Fett zu heiß ist, verbrennt die Panade. Also auf mittlere Hitze achten!

Zuerst wäschst du den Spinat gut in viel kaltem Wasser, um den anhaftenden Sand zu entfernen. Zwischendurch im Gemüsesieb abtropfen lassen. Wenn er sauber ist, mit einem kleinen Gemüsemesser die dickeren Stiele abschneiden, die sind meist fest und schmecken nicht so gut.

Die Zwiebel in feine Würfel schneiden und in einem großen Topf mit Deckel im Öl andünsten – nicht zu heiß, sondern so, dass sie gerade ein bisschen brutzeln. Das dauert ungefähr 2 Minuten. Mit einem Holzlöffel rühren.

Jetzt kommt der Spinat in den Topf. Deckel drauf und warten, bis der Spinat zusammengefallen ist. Spinat wird immer ganz klein, wenn man ihn kocht. Mit dem Holzlöffel umrühren.

Nun gießt du die Sahne zum Spinat und schmeckst ihn mit Salz, Pfeffer und Muskatnuss ab.

Tipp:
Wenn du den Spinat lieber feiner magst, kannst du ihn mit einem Pürierstab fein pürieren.

Die allerbeste Erdbeer-Holunder-Marmelade

Am besten sammelst du die Erdbeeren und Holunderblüten selbst auf dem Feld, dann wäschst du die Erdbeeren, schneidest den Strunk raus und viertelst die Beeren.

Die Holunderblüten legst du in ein Passiertuch (oder dünnes Stück Baumwollstoff) und bindest sie mit einer Bratenschnur zu einem Säckchen, sodass nichts herausfallen kann.

Dann vermischst du die Erdbeeren mit dem Zitronensaft, dem Pektin und dem Zucker und lässt es in einer Schüssel über Nacht zugedeckt im Kühlschrank durchziehen.

Die Gläser, in die du die Marmelade füllen willst, sollten vorher ausgekocht werden, die Deckel natürlich auch!

Die Erdbeeren und das Holunderblütensäckchen gibst du in einen Topf und lässt sie unter ständigem Rühren aufkochen. Nun stell dir einen Wecker: Die Marmelade sollte 4 Minuten kochen.

Dann nimm das Passiertuch mit den Holunderblüten heraus und fülle die Marmelade in deine Gläser, verschließe sie, dreh sie auf den Kopf und lasse sie mindestens 15 Minuten auf den Deckel gedreht stehen.

Pektin selber machen

Pektin selbst herzustellen, ist sehr einfach.

Die einzigen Zutaten, die man benötigt, sind Äpfel und Wasser.

Das Verhältnis von Äpfeln zu Wasser lautet 2:1.

Für 500 ml Pektin-Sirup benötigt man beispielsweise 3 kg Äpfel mit Schale und Kerngehäuse und 1,5 l Wasser. Damit kann man gut 3 kg pektinarme Früchte binden. (Für die Erdbeermarmelade benötigst du 160 ml des Sirups.)

Zubereitung:

Äpfel mit Schale und Kerngehäuse in Scheiben schneiden, in einen Topf geben und Wasser hinzugeben. Zum Kochen bringen und für 30 Minuten leicht köcheln lassen. Den Inhalt des Topfes in ein mit Passiertuch ausgelegtes Sieb schütten und 24 Stunden abtropfen lassen (die Flüssigkeit auffangen). Am nächsten Tag den aufgefangenen Saft in einen Topf füllen und auf etwa die Hälfte einkochen, bis er eine sirupartige Konsistenz bekommt. Dieser Pektin-Sirup kann nun in Gläser abgefüllt und auch gut eingefroren werden

Rhabarber-Streusel-Auflauf

für 4-6 Personen

Zutaten:

5 Rhabarberstangen, ca. 800 g

1 Päckchen Bourbonvanillezucker aus dem Bioladen

6 EL Zucker (oder Muscovado-Zucker – schmeckt nach Karamell)

8 EL Mehl (z. B. Dinkelvollkornmehl)

3 EL Zucker

1 Prise Zimtpulver

50 g weiche Butter

2 EL kalte Milch

Außerdem:

Gemüsemesser

Backblech

Alufolie

große Schüssel

Ofenhandschuhe

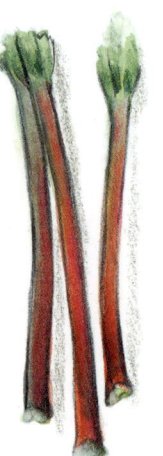

Zuerst wäschst du alle Rhabarberstangen mit kaltem Wasser, dann schälst du die Stangen mit einem kleinen Gemüsemesser, sodass du nur die ganz feine Schale außen erwischst. Wenn die Stangen ganz dünn sind, musst du sie gar nicht schälen.

Heize schon einmal den Ofen auf 180 °C ein, damit der Rhabarber später schnell weich wird. Schneide die Stangen mit dem Messer auf einem Brett in zwei Finger dicke Scheiben. Die kommen jetzt auf ein Backblech. Mische 6 EL Zucker und den Vanillezucker und verteile ihn auf dem Rhabarber. Alles gut mit den Händen mischen. Dann Hände ganz gut waschen! Den Rhabarber auf dem Backblech mit Alufolie abdecken und ab in den Ofen.

Weiter geht's: Für die Streusel brauchst du eine große Schüssel. Mehl, Zucker, Zimt, Butter und Milch in die große Schüssel geben, alles gut mit den Händen verkneten.

Nach 20 – 30 Minuten nimmst du den Rhabarber aus dem Ofen, Vorsicht, heiß! Lass dir helfen und benutze Ofenhandschuhe.

Dann gibst du die Rhabarberstücke in eine Auflaufform und bröselst gleichmäßig Butter-Mehl-Brösel über den Rhabarber. Noch mal ab in den Ofen damit und noch mal 10 Minuten backen, bis die Brösel eine goldene Farbe bekommen.

Du kannst den Rhabarber-Streusel-Auflauf warm oder kalt, pur oder mit Eis, Sahne oder Joghurt genießen!

Tipp:
Du kannst den Auflauf natürlich auch mit anderem Obst oder Beeren machen, je nach Lust und Laune und Jahreszeit.

Knacksalate mit Käsebällchen

für 4 Personen

Zutaten:

260 ml Traubenkernöl oder ein anderes Pflanzenöl

1 EL rosa Pfefferbeeren oder einen anderen Pfeffer

4 Zweige Thymian

1 Bio-Zitrone

1 Knoblauchzehe

400 g Ziegenfrischkäse

40 ml Traubensaft

Salz, Pfeffer

200 g Erdbeeren

50 g Walnusskerne

400 g gemischte Salate (Kopf-, Endivien-, Eichblatt-, Batavia-Salat, Portulak)

Außerdem:

Schale für den Käse

feine Reibe

1 Marmeladenglas

kleines Messer

Schneidbrett

Salatschüssel

Vermische in einer Schüssel 200 ml des Öls mit den Pfefferkörnern und dem Thymian und gib die geschälte Knoblauchzehe dazu. Reibe die Zitronenschale mit einer feinen Reibe ab und gib sie dazu.

Dann rolle aus dem Ziegenfrischkäse walnussgroße Kugeln und lege diese in dem Öl ein. Stell das Ganze ein paar Stunden abgedeckt in den Kühlschrank. Wer nicht lange auf den marinierten Käse warten möchte, kann die Bällchen natürlich auch unmariniert zum Salat geben und direkt essen.

Für das Salatdressing drücke den Saft aus der Zitrone und gib ihn mit dem Traubensaft, den restlichen 60 ml Traubenkernöl, Salz und Pfeffer in ein leeres Marmeladenglas, verschließe dieses fest und schüttle das Glas kräftig, bis das Dressing schön cremig geworden ist.

Schneide die Erdbeeren in dünne Scheiben und hacke die Walnüsse. Wasche und zupfe den Salat (das heißt, du zerreißt den Salat mit den Fingern in handtellergroße Stücke), richte ihn an und belege ihn mit Erdbeeren, Nüssen und Käse. Gib dann kurz vor dem Essen die Salatsoße darüber.

Radieserl- und Schnittlauchbrot für 4 Personen

Die Radieserl musst du zuerst einmal waschen, dann schneide das Grün ab, aber ja nicht wegwerfen, das ist am besten!

Hacke das Grün fein und schneide die Radieserl in dünne Scheiben und dann in feine Stifte.

Vermische den Quark mit den Radieserln, schmecke die Masse mit Salz ab und streiche das Ganze dick auf eine Scheibe Brot und bestreue es mit dem Grün.

Schneide den Schnittlauch in feine Ringe, vermische diese mit dem Frischkäse und rauf aufs Brot oder rein in die quer halbierte Breze.

Wilde Variante: Nimm anstatt des Schnittlauchs jungen Giersch, das ist eine wild wachsende Pflanze, die du in fast jedem Garten findest!

Meine Lieblingsvariante, für ein Geburtstagsfest: Nimm ganz viele verschiedene Kräuter (z. B. Petersilie, Minze, Melisse, Majoran, Liebstöckel, Salbei, Kerbel, Borretsch, Thymian, Rosmarin, Basilikum, Sauerampfer etc.), hacke sie zusammen fein und lege sie auf ein Tablett mit Rand. Nimm einen Block Butter und lege ihn mit einem Messer auf ein Holzbrett daneben. Stell einen Brotkorb mit vielen Scheiben Brot dazu. Zu guter Letzt noch ein Schälchen mit Salz.

Nun kann sich jeder ein Butterbrot schmieren und es mit der Butterseite nach unten auf die Kräuter werfen, leicht andrücken und mit Salz würzen. Dein ganzer Partyraum wird toll nach frischen Kräutern duften!

Fürs Radieserlbrot:

1 Bund Radieserl
250 g Quark
4 große Scheiben Schwarzbrot
Salz

Fürs Schnittlauchbrot:

2 Bund Schnittlauch
250 g Frischkäse
4 große Scheiben Schwarzbrot oder 4 Brezen
Salz
großes Messer
Schneidbrett

Zucchini-Raketen
Für 2 Raketen

Zutaten:

1 Zucchini (ca. 100 g)

1 Bio-Ei

5 EL Paniermehl

3 Cocktailtomaten

3 EL Schmand

1 TL Ahornsirup oder Agavendicksaft

Pflanzenfett

Pfeffer, Salz

Außerdem:

1 Pfanne

Suche dir auf dem Markt für die Raketen eine kleine dünne Zucchini mit etwa 3–4 cm Durchmesser. Ebenfalls brauchst du kleine Tomaten oder Cocktailtomaten mit dem gleichen Durchmesser.

Zuerst die Zucchini waschen und quer in 10 Scheiben schneiden. Von beiden Seiten pfeffern und salzen. Das Ei in einem tiefen Teller verrühren. 3 EL Paniermehl auf einen flachen Teller geben.

Nun die Zucchinischeiben zuerst in der Eimasse, dann in Paniermehl wenden und in erhitztem Pflanzenfett goldbraun braten. Dann auf Küchenpapier abtropfen lassen, damit sie etwas weniger fettig sind und nicht mehr so heiß.

Nun 2 Zucchinischeiben vierteln. 2 Cocktailtomaten quer in je 3 Scheiben schneiden. 1 Cocktail-Tomate quer halbieren, in die Hälften Raketenfenster schneiden.

2 EL Schmand mit 1 TL Zitronensaft vermischen, mit Salz, Pfeffer und 1 TL Ahornsirup abschmecken.

Jetzt kannst du die Raketen zusammenbauen: Jeweils 4 Zucchinischeiben abwechselnd mit 3 Tomatenscheiben übereinanderstapeln, halbierte Tomate draufsetzen. Schmand-Dressing rundherum verteilen. Zucchiniviertel als Raketenstützen dazusetzen.

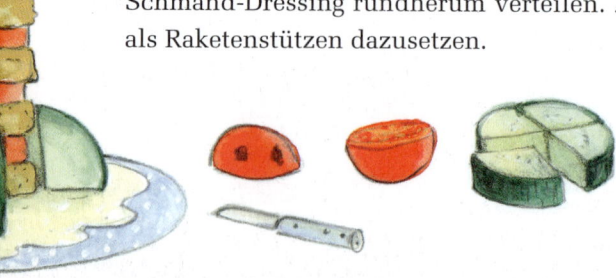

Vegetarischer Burger mit selbst gemachter Mayonnaise

für 4 Personen

Für die Burger:

4 Vollkornbrötchen

500 g Tofu

200 ml Apfelsaft

Je 1 TL

Thymian, Oregano, Rosmarin

1 Knoblauchzehe

Prise Salz und Pfeffer

2 Tomaten

1/2 rote Zwiebel

16 Gurkenscheiben

2 Blatt Romanasalat

Außerdem:

1 kleiner Topf

1 (Grill-)Pfanne

Schneidbrett

Messer

Den Tofu schneidest du längs in 4 große Scheiben. Gib den Apfelsaft, die Kräuter, die Knoblauchzehe mit dem Salz und Pfeffer in einen kleinen Topf. Lege den Tofu hinein und lass das Ganze langsam aufkochen. Anschließend neben dem Herd etwas ziehen lassen. In der Zwischenzeit kannst du die Mayonnaise zubereiten (siehe unten).

Schneide die Tomate und die halbe Zwiebel in feine Scheiben.

Nimm den Tofu aus dem Gewürzsaft, trockne ihn ab und brate ihn mit etwas Öl in einer (Grill-)Pfanne. Wenn er goldgelb ist, wende ihn und lass die zweite Seite genauso lange grillen oder braten.

Halbiere das Brötchen, lege es kurz in die Pfanne, bestreiche es mit deiner tollen Mayo, gib zuerst die Tomate, Zwiebel und Gurken darauf, lege dann den Tofu drauf, garniere es mit dem Salat und zuletzt kommt die zweite Brötchenhälfte darauf.

Mayo kann man zwar überall kaufen, aber selbst gemacht schmeckt sie um Klassen besser. Eine selbst gerührte Mayonnaise ist jedoch ein wenig anders als die aus dem Laden oder in der Pommesbude: Sie ist weniger süß und gelblicher, weil man echtes Eigelb verwendet.

Gib das Eigelb mit dem Zitronensaft und dem Senf in eine Rührschüssel und verrühre die Masse mit dem Schnee-besen, indem du ganz langsam nach und nach das Öl zugibst. Zuletzt schmecke die Mayonnaise mit Salz und Pfeffer ab und rühre den Sauerrahm unter.

Für die Mayo:

1 Bio-Eigelb (zimmerwarm, das bedeutet die Eier dürfen nicht direkt aus dem Kühlschrank kommen)

1 TL Zitronensaft

150 ml Sonnenblumenöl

1 EL Sauerrahm

1 TL Senf

Salz und Pfeffer

Außerdem:

1 Rührschüssel

1 Schneebesen

Tomatensoße für 6 Personen

Zutaten:

1 kg reife Tomaten
2 mittelgroße Zwiebeln
3 EL Pflanzenöl
Salz und Pfeffer

Außerdem

hoher Topf
Kochlöffel
kleines Messer
großes Messer
Einmachgläser

Tipp:

Die Tomatensoße schmeckt natürlich zu jeder Art von Nudeln, aber auch für die Pizza kann man sie gut verwenden oder als Tomatensuppe, wenn man sie noch feiner mixt und einen Blubb Sahne hineingibt.

Um eine Tomatensoße selber zu machen, braucht man, wie du siehst, nur wenige Zutaten.

Das Wichtigste ist, dass die Tomaten richtig reif sind – solche Tomaten bekommt man nur im Sommer. Frag mal deinen Gemüsehändler – oft hat er solche Tomaten und freut sich sehr, wenn er sie schnell verkaufen oder sogar verschenken kann.

Damit du im Winter aber auch noch etwas davon hast, kannst du dir ein bisschen Vorrat anlegen und dir eine tolle Tomatensoße einkochen und in saubere Gläser füllen. Von der kannst du natürlich auch gleich etwas essen.

Zuerst wäschst du die Tomaten und schneidest mit einem kleinen Messer oben den Strunk, also das Grüne raus. Jetzt schneidest du die Tomaten mit einem großen Messer in walnussgroße Stücke und die geschälten Zwiebeln in feine Würfel.

In einem großen Topf Öl erhitzen und die Zwiebeln darin andünsten. Dann die Tomaten dazugeben. Umrühren und mit Salz und Pfeffer würzen. Jetzt die Hitze auf mittlere Stufe stellen und einen Deckel auf den Topf geben. So lässt du die Tomaten für 35 Minuten köcheln. Zwischendurch immer mal umrühren, damit nichts am Boden ansetzt – das spürst du am besten beim Umrühren: Du darfst keinen Widerstand am Topfboden spüren.

Je nach Geschmack kannst du die Soße auch mit Basilikum oder Oregano verfeinern oder mit Knoblauch.

Zum Aufheben muss die Soße ganz heiß in saubere, verschließbare Gläser (zum Beispiel leere Gurken- oder Joghurtgläser) gefüllt werden. So kannst du sie einige Zeit an einem kühlen, dunklen Ort aufheben.

Gemüse-Schiffchen

für 4 Personen

Zutaten:
100 g Schafskäse

200 g Frischkäse

6 EL Milch

1 Bund Schnittlauch

1 große Salatgurke

1 Paprikaschote

Pfeffer und Salz

1 Kopf fester Blattsalat

Außerdem:
Spritzbeutel

Zuerst den Schafskäse mit einer Gabel fein zerdrücken. Mit Frischkäse und Milch in einer Schüssel cremig verrühren. Nun den Schnittlauch waschen, gut abtropfen lassen, in ganz feine Ringe schneiden und bis auf 2 TL unter die Käsecreme rühren. Mit Pfeffer und, wenn gewünscht, mit etwas Salz abschmecken.

Dann musst du die Salatgurke gut waschen, längs in 2 Hälften schneiden und mit einem Esslöffel die Kerne in der Mitte herausschaben. Die kannst du natürlich essen, aber um Schiffchen zu machen, brauchen wir Platz in der Mitte der Gurke für die Füllung.

Die Gurken quer in 6 Stücke schneiden. Paprikaschote putzen, also alle Kerne entfernen, waschen und in 8 gleich große Spalten schneiden. Die Salatblätter waschen und abtropfen lassen.

Die Käsecreme in einen Spritzbeutel füllen (wenn du keinen hast, kannst du natürlich auch einen Löffel verwenden) und mit der großen Lochtülle auf das Gemüse spritzen (oder mit einem Esslöffel darauf füllen). Die Schiffchen auf den Salatblättern anrichten. Mit den restlichen 2 TL Schnittlauch bestreuen und servieren.

Wenn du ein Segel willst, nimmst du einfach einen Stiel glatte Petersilie und steckst ihn in die Käsecreme im Schiffchen.

Knuspergemüse mit Zitronenquark

Zutaten:

6 Karotten

1 große Süßkartoffel

4 kleine Kartoffeln

2 Rote Beten

2 kleine Zwiebeln

oder jedes andere Gemüse deiner Wahl und der Saison

6 EL Olivenöl

Pfeffer und Salz

250 g Quark

1 Bio-Zitrone

Pfeffer und Salz

Außerdem:

Backblech

Pfannenwender

Zuerst das Gemüse und die Zitrone richtig gut waschen!

Den Ofen, in dem du das Gemüse knusprig backen wirst, heizt du auf 180 °C vor.

Jetzt bereitest du dir ein großes Blech vor. Das Olivenöl verteilst du gleichmäßig auf dem Blech. Die Süßkartoffeln, die Rote Bete und die Zwiebel schälen. Vorsicht: Die Rote Bete färbt ganz fürchterlich. Aber keine Sorge, die Farbe geht auch schnell wieder von den Fingern weg.

Nun das Gemüse in Spalten schneiden, auch die Zwiebel. Etwa in die Größe von Apfelspalten.

Das Gemüse gleich aufs Backblech legen, mit Pfeffer und Salz würzen und mit den Händen gut vermischen.

Jetzt muss das Gemüse in den heißen Ofen bei Ober-Unter-Hitze. Dort bleibt es für 45 Minuten oder solange, bis es außen knusprig ist und innen weich! Du kannst mal zwischendurch mit dem Messer reinpieksen und es mit dem Pfannenwender wenden. So kannst du feststellen, ob es schon fertig und überall braun ist.

In der Zwischenzeit wird der Zitronenquark gemacht. Dazu den Quark in eine Schüssel geben und die Schale von einer halben Zitrone hineinreiben. Aber nur das Gelbe der Schale, das Weiße ist bitter. Dann etwas Zitronensaft – ungefähr 2 EL – hineinpressen. Mit Salz und Pfeffer abschmecken – fertig.

Das Gemüse aus dem Ofen nehmen und mit dem Quark auf Teller verteilen.

Tipp:

Das Gericht kannst du mit allen Gemüsesorten machen, die dir schmecken und die gerade Saison haben: zum Beispiel auch Karotten, Zucchini, Lauch, Spargel oder Auberginen.

Beereneis am Stiel

ergibt 6 Stieleis

Zutaten:

250 g reife Beeren, z. B. Brombeeren, Himbeeren, Heidelbeeren

1/2 Vanillestange

100 ml Johannisbeersaft

3 EL Puderzucker

200 g Joghurt mit mindestens 3,5 % Fett

2 EL flüssiger Honig

Außerdem:

Pürierstab

6 Stieleisförmchen

Zuerst die Beeren verlesen, also nachschauen, dass keine schlechten dabei sind. Vanilleschote längs mit einem spitzen Messer aufschlitzen und das Mark herausschaben.

Beeren zusammen mit Vanillemark, Johannisbeersaft, Puderzucker, Joghurt und Honig fein pürieren. Das geht super in der Küchenmaschine oder mit einem Pürierstab.

Die Masse in Stieleisförmchen füllen. Im Tiefkühlschrank mindestens 4 Stunden gefrieren lassen.

Das Eis bekommst du wieder aus den Formen, wenn du diese kurz unter warmes Wasser hältst.

Tipp:

Du kannst den Rest der Vanilleschote in einem Glas mit Zucker aufheben. Dann hast du bald Vanillezucker.

Beerenkuchen im Glas

für 4 Personen

Schneide den Zopf oder die Semmeln in 1 cm große Würfel und vermische diese mit den Beeren.

Verquirle die Sahne mit den Eiern und dem Honig (man nennt das „Royal").

Lass die Butter in einem kleinen Topf zerlaufen und pinsle die Gläser mit der Butter aus. Gib etwas von dem Zucker in die Gläser und schwenke sie so, dass rundum etwas Zucker an den Wänden klebt. Das nennt man Wattieren; es sorgt dafür, dass der Kuchen nicht anklebt und schön glänzt.

Fülle die Brot-Beerenmischung ein und gieße das Ganze mit der Eiermischung auf und stell die Gläser für ca. 40 Minuten auf ein Backblech in den Ofen bei 180 °C Ober-Unterhitze. Lass den Kuchen vor dem Verzehr etwas abkühlen, dann schmeckt er noch besser.

Zutaten:

250 g Hefezopf oder Semmeln vom Vortag

250 g Beeren

250 g Sahne

250 g Milch

7 Bio-Eier

100 g Honig

40 g Butter

40 g Zucker

Außerdem:

8 Gläser à 300 ml (feuerfeste Gläser, am besten Einmachgläser)

Schneebesen

Küchenpinsel

Schneidbrett

Messer

Backblech

Kürbissuppe mit Pfiff

für 4 Personen

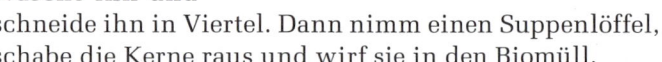

Zutaten:

1 Hokkaido-Kürbis (1 kg)

2 Zwiebeln

1 säuerlicher Apfel (Boskoop)

1 Liter Wasser oder Gemüsebrühe

1 EL Zimt

100 g Kürbiskerne

40 g Butter

Salz, Pfeffer

100 g Sauerrahm

40 ml Kürbiskernöl

Außerdem:

1 Schneidbrett

1 Messer

1 großer Topf

1 Kochlöffel

1 Stand- oder Stabmixer

Den Hokkaido-Kürbis kannst du mit Schale essen! Wasche ihn und schneide ihn in Viertel. Dann nimm einen Suppenlöffel, schabe die Kerne raus und wirf sie in den Biomüll.

Schneide die Kürbisviertel in kleine Stücke, schäle die Zwiebeln und würfle sie. Viertele auch den Apfel und schneide das Kerngehäuse heraus.

Lasse die Butter in einem großen Topf schmelzen, gib die Zwiebelwürfel dazu und rühre sie mit einem Kochlöffel bei mittlerer Hitze so lange, bis sie glasig werden.

Nun gib auch die Apfelviertel und die Kürbisstücke dazu und rühre weitere 5 Minuten. Dann bestäube das Ganze mit dem Zimt und gieße die Flüssigkeit (Wasser oder Brühe) an. Lass es aufkochen und ca. 40 Minuten köcheln, rühr immer mal wieder um, damit nichts anbrennen kann.

Wenn der Kürbis weich ist, mixe alles mit einem Pürierstab oder in einem Standmixer und schmecke es mit Salz und Pfeffer ab.

Fülle die Suppe in Teller und gib in die Mitte einen Klecks Sauerrahm. Nun verziere das Ganze mit dem dunkelbraunen Kürbiskernöl und den Kürbiskernen.

Tipp:

Sehr pfiffig wird die Suppe, wenn du den Zimt weglässt und statt dessen am Schluss ein paar Amarettini (italienische Mandelkekse) zerbröselst und sie über die Suppe im Teller gibst!

Rote-Bete-Apfel-Salat mit Käse und Nüssen
für 4 Personen

Schäle die Bete und rasple sie mit einer feinen Raspel. Mach das Gleiche mit den Äpfeln, die brauchst du dafür aber nicht zu schälen. (Vorsicht: Der Saft der Roten Bete färbt sehr stark. Pass auf, dass der Saft nicht auf deine Kleidung gelangt.) Gib die Bete- und Apfelraspeln auf einen Teller.

Vermische den Honig mit dem Zitronensaft, dem Apfelsaft, dem Haselnussöl sowie etwas Salz und Pfeffer und gib die Soße auf die Apfel-Bete-Raspeln. Vermenge das Ganze gut mit einem Kochlöffel, nimm dafür aber besser nicht deine Hände, denn die rote Farbe kriegst du nur mit viel Schrubben wieder ab.

Zupfe die Petersilienblätter von den Stängeln und hacke sie. Hacke auch die Nüsse, aber nicht zu fein, und röste diese unter ständigem Rühren in einer Pfanne, bis sie zu duften anfangen.

Schneide den Käse in dünne Scheiben. Bestreue deinen Salat mit Käse, Petersilie und Nüssen. Das ist eine Rohkost-Vitamin-Bombe!

Zutaten:

2 Knollen Rote Bete

2 Äpfel

1 TL Honig

Saft von ½ Zitrone

40 ml Apfelsaft

40 ml Haselnussöl, alternativ anderes Pflanzenöl

Salz, Pfeffer

8 Zweige Petersilie

2 EL Haselnüsse

120 g Rohmilchhartkäse (Almkäse, mindestens 6 Monate gereift)

Außerdem:

feine Raspel

Schäler

Schüssel

Kochlöffel

großes Messer

Schneidbrett

kleine Pfanne

Salatschüssel

Kartoffelecken für 4 Personen

Zutaten:

800 g Kartoffeln, vorwiegend
festkochend, oder junge Kartoffeln

100 ml Pflanzenöl oder Olivenöl

Salz

6 Zweige Rosmarin

Außerdem:

Backblech

Backpapier

Die Kartoffeln mit einer Kartoffelbürste richtig sauber putzen. Dann den Backofen auf 180 °C vorheizen mit Ober-/Unterhitze.

Nun die Kartoffeln in Ecken schneiden, dazu kleine Kartoffeln vierteln und große achteln.

Jetzt alle Kartoffeln in eine Schüssel geben und salzen.

Die Nadeln vom Rosmarin abzupfen und über die Kartoffeln streuen. Dann das Öl darübergeben und alles kräftig durchmischen.

Auf ein Backblech ein Stück Backpapier legen (darunter etwas Wasser, dann bleibt es kleben) und die Kartoffeln darauf verteilen. Ab in den Ofen und die Kartoffeln jetzt für 45 Minuten goldbraun backen.

Tipp:

Zu den Kartoffeln schmeckt
ein selbst gemachter
Kräuterquark oder
der Zitronenquark von
Seite 36 besonders lecker.

Für die Gemüsesoße:

1 Maiskolben (am besten frisch oder aus dem Vakuum)

1 rote Zwiebel

1 Karotte

½ Bund Schnittlauch

40 g Butter

100 ml Sahne

60 g geriebener Käse

Salz, Pfeffer

Von dem Maiskolben schneidest du von oben nach unten mit einem scharfen Messer die Maiskörner ab. Dafür scheidest du den Maiskolben unten so ab, dass du ihn senkrecht stellen kannst, ohne dass er wegrutscht.

Danach würfelst du die Zwiebel so fein du kannst, schälst die Karotte (nur wenn sie nicht mehr frisch ist; frische Karotten kann man mit Schale essen) und würfelst sie auch fein.

Die Butter lässt du in einer großen Pfanne bei mittlerer Hitze schmelzen und gibst dann das Gemüse dazu. Würze alles mit Salz und Pfeffer, rühre ständig mit dem Kochlöffel, so ca. 10 Minuten.

Währenddessen machst du den Spätzleteig:

Gib das Mehl, den Quark und die Eier in eine Schüssel und rühre das Ganze mit einem Rührgerät 3–4 Minuten kräftig durch. Nun schmecke den Teig kräftig mit Salz und geriebener Muskatnuss ab.

Nimm einen großen Topf, fülle ihn ¾ voll mit Wasser, das du leicht salzt. Lass es auf dem Herd mit geschlossenem Deckel (dann geht es schneller) aufkochen. Nimm eine Spätzlereibe, lass den Teig durch die Reibe in das kochende Wasser plumpsen und ca. 3 Minuten köcheln.

Tipp:

Ganz toll passt ein Feldsalat als Beilage dazu.

Mais, roten Zwiebeln, Schnittlauch für 4 Personen

Nimm mit einer Lochkelle deine Spätzle raus und gib sie direkt zum Gemüse in die Pfanne.

Schwenk alles durch und gib die Sahne und den Käse dazu, nochmals durchrühren, und zuletzt kommt der geschnittene Schnittlauch dazu.

Wenn du das Ganze leichter haben möchtest, lässt du die Sahne und den Käse weg.

Für die Spätzle:

150 g Mehl
150 g Quark
3 – 4 Bio-Eier
Salz, Muskat

Außerdem:

Rührschüssel
Rührgerät
Spätzlereibe
Kochtopf mit Deckel
Lochkelle (Schaumkelle)
Messer
Schneidbrett
große Pfanne

Ofenbrot

für 4 Personen

Zutaten:

4 Scheiben Brot – deine
Lieblingssorte

4 EL Tomatenmark

200 g Emmentaler Käse
(oder eine andere Sorte,
die gut schmelzen kann)

4 EL Schnittlauch,
in Röllchen geschnitten

edelsüßes Paprikapulver

Außerdem:

Backblech

Backpapier

Das Ofenbrot ist in vielen Varianten köstlich! Im Sommer
zum Beispiel mit frischen Tomaten oder im Winter mit
sauren Gurken. Heute machen wir es vielleicht so:

Den Backofen auf 160 °C vorheizen.

Die Brotscheiben mit je 1 EL Tomatenmark bestreichen,
dann den Käse in Streifen oder Scheiben darauf verteilen.

Die Brote auf ein Backpapier (darunter etwas Wasser,
dann bleibt es kleben) in den Ofen legen und darin lassen,
bis der Käse geschmolzen ist.

Zum Servieren frisch geschnittenen Schnittlauch darübergeben oder auch edelsüßes Paprikapulver. Kurz warten!
Der Käse ist jetzt ganz schön heiß, da kann man sich leicht
die Zunge verbrennen.

> **Tipp:**
> Das Ofenbrot ist mein
> Lieblingspizzaersatz!
> Wenn du willst, dass
> das Brot besonders
> braun wird, kurz die
> Oberhitze anschalten.

Reiberdatschi mit Apfelmus

für 4 Personen

Fange mit dem Apfelmus an, dann kann es ein wenig abkühlen – und die Reiberdatschi kannst du heiß essen.

Schäle die Äpfel, viertele sie und schneide sie in dünne Scheiben. Lass sie in einem Topf mit dem Honig, der Zimtstange und einem ganz kleinen Schuss Wasser aufkochen. Deckel drauf und bei kleiner Hitze ca. 20 Minuten dünsten lassen. Nimm die Zimtstange raus und zerdrücke die Äpfel mit einer Gabel zu Mus.

Während das Apfelmus kocht, kannst du mit den Reiberdatschi anfangen:

Reibe die Kartoffeln und die Zwiebel auf der feinen Reibe und drücke die Masse leicht in einem Sieb aus, damit sie trockener wird. Gib die Eier, die Haferflocken und die Stärke dazu und schmecke alles mit Salz und geriebener Muskatnuss ab.

Bedecke den Boden der Pfanne mit dem Fett, erhitze es auf mittlere Hitze. Gib einen großen Klecks Kartoffelmasse hinein, drücke ihn zur typischen Reiberdatschiform schön flach und lass ihn auf beiden Seiten schön goldgelb backen.

Nimm den Puffer heraus und leg ihn auf ein Tuch, sodass das überschüssige Fett abtropfen kann. Verfahre so, bis du keinen Teig mehr hast.

Serviere die heißen Datschi mit Apfelmus.

Für das Apfelmus:

4 Äpfel
1 EL Honig
1 Zimtstange
Topf mit Deckel

Außerdem:

Backblech
Backpapier

Für die Reiberdatschi

1 kg geschälte Kartoffeln (Ob du mehlige Kartoffeln nimmst oder festkochende, bleibt deinem Geschmack überlassen, probiere einfach mal beides und finde deinen Favoriten heraus).
1 Zwiebel
2 Bio-Eier
2 EL Haferflocken
1 EL Kartoffelstärke
Salz, Muskat
Butterschmalz oder Öl zum Ausbacken

Außerdem:

Reibe
Sieb
Pfanne, am besten gusseisern
sauberes Küchentuch oder Küchenkrepp

Topfenknödel mit Dörrpflaumen-Walnuss-Ragout

für 4 Personen

Für das Pflaumen-Walnuss-Ragout:

200 g Dörrpflaumen

100 ml Apfelsaft

100 g Walnusskerne

½ Bund Minze

Für die Topfenknödel:

40 g Butter

40 g Puderzucker

Je 1 Bio-Orange und Zitrone

320 g Quark (40 %), gut ausgepresst (durch ein Geschirrtuch)

1/2 Vanilleschote

2 Bio-Eigelb

1 ganzes Bio-Ei

100 g Toastbrotwürfel ohne Rinde

Außerdem:

Handrührgerät

feine Reibe

spitzes, scharfes Messer

sauberes Geschirrtuch

Schüssel

großer Kochtopf

Schaumkelle

Pfanne

Lege die Pflaumen in den Apfelsaft für ein paar Stunden ein, dann viertelst du die Pflaumen, hackst die Walnusskerne – aber nicht zu klein – und vermischst sie mit den Pflaumen.

Die Minze schneidest du in Streifen und vermengst sie mit dem Ragout.

Zuallererst schlägst du die Butter mit Zucker schaumig, am besten geht das mit einer Rührmaschine oder dem elektrischen Handrührer. Dann reibst du die Schalen der Zitrusfrüchte mit einer feinen Reibe ab, dabei musst du aufpassen, dass du nicht zu viel abreibst: Beim Reiben darf das Weiße nicht mit abgerieben werden, ansonsten kann es sein, dass es bitter schmeckt! Vanillestange längs aufschneiden und mit dem Messer das Innere herauskratzen.

Den Schalenabrieb und die Vanille gibst du zu der schaumig geschlagenen Butter dazu und rührst die Eigelbe und das Ei nach und nach ein, dann den Quark zugeben und die Toastwürfel einrühren. 2 Stunden im Kühlschrank ruhen lassen. In der Zwischenzeit kannst du die Brösel vorbereiten.

Drehe vom Knödelteig golfballgroße Kugeln ab. Lass Wasser mit einer Prise Salz in einem Topf aufkochen. Dreh die Kugeln mit leicht feuchten Händen nochmals richtig glatt ab und gib sie in das Wasser. Es sollte weiterhin leicht simmern, gib auf keinen Fall einen Deckel auf den Topf, durch den Druck, der sich aufbaut, könnten die Knödel zerplatzen!

Lass die Knödel insgesamt ca. 12 Minuten vor sich hin schwimmen, nach ca. 5 Minuten kommen sie zur Wasseroberfläche und nach ca. weiteren 5 Minuten drehen sie sich wie von selbst. Dann wartest du nochmals 2 Minuten und nimmst sie mit einer Schaumkelle heraus.

In einer Pfanne röstest du die Semmelbrösel, bis sie goldgelb werden, gibst dann die Butter, den Zucker und das Zimtpulver dazu, verrührst alles, bis die Butter geschmolzen ist, und nimmst die Pfanne vom Herd. Vorsicht beim Probieren, es ist sehr heiß!

Die Knödel wälzt du in der Bröselbutter und richtest sie mit deinem Pflaumen-Walnuss-Ragout an.

Für die Bröselbutter:

100 g Semmelbrösel (zum Beispiel aus der Toastbrotrinde)

50 g Butter

30 g Rohrzucker

1 TL Zimtpulver

Hmmm, Kirschauflauf

für 4 Personen

Zuerst müssen die Kirschen in einem Sieb abgetropft werden. Dann einen Topf mit der Milch auf den Herd stellen und langsam heiß werden lassen.

In der Zwischenzeit die Vanilleschote mit einem spitzen Messer längs halbieren, Vanillemark herauskratzen und in die Milch geben. Die ausgekratzten Vanilleschoten gleich hinterherwerfen.

Wenn die Milch schon fast (!) kocht, die Schoten herausfischen und den Grieß ganz langsam einrieseln lassen. Jetzt mit einen Schneebesen gut rühren und die Temperatur auf mittlere Hitze stellen. Den Grießbrei feste weiterrühren, er blubbert jetzt. Aufpassen, dass er nicht zu heiß kocht, sonst geht's ins Auge! So muss er jetzt ca. 6 Minuten kochen, aber immer feste weiterrühren!

Dann den Topf zur Seite ziehen und danach einige Minuten weiterrühren. Dabei kühlt der Brei etwas ab. Immer wieder rühren.

In der Zwischenzeit den Ofen auf 180 °C Unter-/Oberhitze vorheizen und eine Auflaufform mit der Butter einfetten.

Jetzt die Eier und den Honig in den etwas abgekühlten Grießbrei geben. Aber feste dabei rühren, sonst gibt es Rührei.

Wenn alles gut vermischt ist, den Grießbrei in die Auflaufform füllen und die Kirschen darauf verteilen. Den braunen Zucker darüberstreuen, die Form in den vorgeheizten Ofen geben und etwa 35–45 Minuten backen, bis die gewünschte Bräunung des Grießauflaufs erreicht ist.

Und fertig ist der Kirschauflauf.

Zutaten:

- 1 Glas Kirschen, ca. 500 g
- 1 l Vollmilch
- 500 g Vollkorngrieß
- 1 Vanilleschote
- 3 Bio-Eier
- 4 EL Honig
- 4 EL brauner Zucker
- 1 Stück Butter zum Einfetten der Auflaufform

Außerdem:

- Sieb
- Topf
- spitzes Messer
- Schneebesen
- Auflaufform

Tipp:

Du kannst natürlich auch andere eingekochte Obstsorten oder Kompott nehmen, z.B. Zwetschgen oder Aprikosen

Apfel-Zimt-Kuchen

für 4 Personen

Erwärme die Butter leicht in einem Topf auf dem Herd, sodass sie flüssig wird. Dann gib sie in eine Rührschüssel und mixe sie mit dem Zucker mit dem Rührgerät auf.

Nun rühre die beiden Eier einzeln ein, gib das Mehl durch ein Sieb dazu, gieße die Milch an und rühre sie unter. Dann schmecke den Teig mit dem Zimt und der Prise Salz ab. Wenn du meinst, du möchtest mehr oder weniger Zimt oder Salz haben, ist das natürlich dir überlassen, probiere einfach den Teig (ruhig mit den Fingern) und entscheide selbst.

Steche die Äpfel mit dem Kernausstecher aus und viertele sie. Schneide die Viertel in feine Blätter und rühre die Scheibchen mit einem Kochlöffel unter den Teig.

Erwärme die Butter zum Fetten der Form und streiche die Form mit einem Pinsel gut aus. Bevor die Butter wieder fest wird, gib Mehl in die Form und schwenke sie, sodass ringsum etwas Mehl an den Seiten der Form klebt. Klopfe das überschüssige Mehl ab und fülle nun deinen Teig ein.

Ab damit in den Ofen bei 160 °C Umluft für ca. 30–40 Minuten. Lass den Kuchen etwa 10 Minuten etwas abkühlen. Serviere den Kuchen mit einem Schlag Sauerrahm auf jeder Portion.

Zutaten:

100 g Butter

200 g Zucker

2 Bio-Eier

100 g Mehl

100 ml Milch

1 TL Zimt

1 Prise Salz

5 Äpfel

100 g Sauerrahm

Butter und Mehl zum Ausfetten einer Form

Außerdem:

kleiner Topf

Rührschüssel

Rührgerät

Mehlsieb

Apfelkernausstecher (oder Messer zum Kern- ausschneiden)

Messer

Küchenpinsel

Kuchenform

Kartoffelsuppe mit Gemüse für 4 Personen

Zutaten:

1 Bund Suppengrün oder

200 g Knollensellerie

200 g Karotten

100 g Petersilienwurzel

100 g Lauch

500 g festkochende Kartoffeln

1 l Gemüsebrühe oder Wasser

½ Bund Schnittlauch

½ Bund Majoran

50 g Butter

Salz, Pfeffer, Muskatnuss

100 g Schmand

Außerdem:

Schneidbrett

Messer

großer Topf

Kochlöffel

Schäle Karotten, Sellerie, Petersilienwurzeln und Kartoffeln und schneide sie in ungefähr 1–2 cm große Würfel.

Erhitze die Butter in einem großen Topf und gib alle Würfel dazu. Rühre 2–3 Minuten kräftig mit einem Kochlöffel um.

Nun gieße die Flüssigkeit dazu und lasse das Ganze ca. 30–40 Minuten köcheln, bis das Gemüse weich, aber noch bissfest ist. Schmecke deine Suppe mit Salz, Pfeffer und Muskatnuss ab.

Schneide den Schnittlauch und hacke den Majoran und bestreue die Suppe damit. Gib in jeden Suppenteller einen Klacks Schmand.

Roter Knödelspaß

für 4 Personen

Das geschnittene Knödelbrot in eine Schüssel geben. Die Zwiebel fein würfeln, in der Butter dünsten und zusammen über das Brot geben. Die Rote Bete schälen, in Stücke schneiden, dann mit den Eiern im Mixer pürieren und zum Knödelbrot geben.

50 g vom Bergkäse reiben und auch in die Schüssel mit dem Knödelbrot geben. Das Mehl dazugeben, mit Salz und fein geschnittener Petersilie würzen, alle Zutaten gut vermischen und die Masse 15 Minuten ruhen lassen. Aus der Knödelmasse hühnereigroße, aber runde Knödel formen und in Salzwasser köcheln lassen.

Während die Knödel leise vor sich hinköcheln (nie kochen, sonst zerfallen sie), in einem Töpfchen die Butter goldbraun schmelzen und etwas Käse reiben.

Wenn die Knödel nach ca. 20 Minuten fertig sind, mit einer Lochkelle auf Teller verteilen und etwas Käse und geschmolzene Butter darübergeben.

Zutaten:

120 g Knödelbrot

50 g Zwiebel

20 g Butter

100 g Rote Bete, gekocht

2 Bio-Eier

20 g Mehl

Salz

1 TL Petersilie, fein geschnitten

6 EL Butter

100 g Bergkäse

Außerdem:

Schüssel

scharfes Messer

Schneidbrett

Mixer

großer Kochtopf

Lochkelle/Schaumlöffel

kleines Töpfchen

Reibe

Knödel kann man in vielen Varianten machen, mit Spinat und Käse, mit Quark, süß oder salzig. Ich mache die Knödel mal in rot, mit Roter Bete! Dieses Rezept habe ich in den Bergen gefunden.

Tipp:
Knödel sind eine gute Möglichkeit, altes Weißbrot oder alte Semmeln zu verwerten und so vor dem Abfall zu bewahren.

Überbackene Nudeln für 4 Personen

Zutaten:

400 g Nudeln

1 große Karotte

Olivenöl

200 g Tomatensoße, z. B. deine
selbst eingemachte (Seite 34)!

Pfeffer, Salz

1 Becher Schmand

150 g Emmentaler Käse

2 EL Oliven

Außerdem:

Kochtopf

Reibe

großes Sieb

Auflaufform

Tipp:
Die Soße kann auch
noch mit jedem
anderen (rohen) Gemüse
gemischt werden,
beispielsweise Sellerie,
Paprika, Zucchini.

Zuerst stelle einen Topf mit Wasser zum Nudelkochen auf den Herd. Gib 1 TL Salz ins Wasser. Wenn das Wasser kocht, kochst du die Nudeln nach Packungsanleitung.

Derweil den Backofen auf 180 °C vorheizen.

Rasple die Karotte auf der Reibe. Die Karotte mischst du mit der fertigen, kalten Tomatensoße in einer Schüssel, gibst 2 EL Olivenöl dazu und schmeckst noch mal alles mit Pfeffer und Salz ab. Auch andere Gewürze und Kräuter wie Paprika oder Rosmarin schmecken wirklich gut in der Soße.

Wenn die Nudeln fertig gekocht sind, in ein Sieb abgießen.

Nun mit etwas Olivenöl eine Auflaufform ausfetten und die Nudeln hineingeben. Die Tomatensoße und den Schmand auf den Nudeln verteilen. Dann den Käse darüberstreuen.

Ab in den Ofen und den Auflauf so lange backen, bis er oben schön goldbraun geworden ist.

Feiner Kartoffelstampf

für 4 Personen

Schneide die Vanilleschoten mit einem spitzen Messer längs ein und schabe das Mark heraus.

Schäle die Kartoffeln, viertele sie und setze sie in leicht gesalzenem Wasser in einem Topf auf den Herd. Gib die ausgekratzte Schote dazu und lass es aufkochen. Prüfe nach etwa 30 Minuten mit einer Gabel, ob die Kartoffeln schon durchgekocht sind, sie sollten von selbst von der Gabel rutschen und im Kern keinen Widerstand mehr spüren lassen.

Koche die Milch mit dem Vanillemark auf.

Nun gieß das Wasser ab und drücke die Kartoffeln durch eine Kartoffelpresse oder zerdrücke sie mit einem Kartoffelstampfer. Gib nach und nach die heiße Milch dazu und rühre, bis das Püree schön cremig ist. Nun rühre die Butter unter und würze das Ganze mit Salz.

Durch die Vanille scheint der Stampf etwas süßlich zu sein. Aber hier trickst dich deine Nase aus, denn Vanille an sich ist nicht süß.

Dieser Kartoffelstampf passt eigentlich zu jedem Gemüse.

Zutaten:

800 g mehlige Kartoffeln
(z. B. Sorte Marabel)

250 ml Vollmilch

50 g Butter

1 Vanilleschote

Salz

Außerdem:

kleines Messer

Schneidbrett

Sparschäler

großer Topf

kleiner Topf

Kartoffelpresse oder Stampfer

Tipp:

Wenn du einen wirklich guten Kartoffelstampf machen willst, musst du Lagerkartoffeln nehmen, da sich Geschmack und Stärke erst nach ein paar Monaten so richtig ausbilden.

Bunter Gemüsetopf

für 4 Personen

Zutaten:

1 Zwiebel

2 Karotten

4 Kartoffeln

200 g Hokkaido-Kürbis

100 g Rosenkohl

Außerdem:

3 EL Pflanzenöl

Pfeffer, Salz

300 ml Gemüsebrühe

Karotten, Rosenkohl und Kürbis erst einmal waschen. Zwiebel schälen und in grobe Würfel schneiden. Kartoffeln und ältere Karotten schälen, frische nicht. Karotten und Kartoffeln in walnussgroße Stücke schneiden.

Der Kürbis muss nicht geschält werden. Schneide ihn in walnussgroße Stücke. Den Rosenkohl unten am Stiel von gelben Blättern und trockenen Stellen befreien, aber ansonsten ganz lassen.

In einem Topf das Pflanzenöl erhitzen und die Zwiebeln und das Gemüse darin etwas anbraten. Nun die Gemüsebrühe dazugeben und leise für 20 Minuten köcheln lassen, bis alles Gemüse weich, aber noch bissfest ist.

Nun den bunten Gemüsetopf in Schüsseln verteilen und die restliche Brühe darübergeben.

Tipp:

Köstlich schmecken dazu auch etwas Olivenöl und/oder geriebener Käse, Kresse oder frische Kräuter. Du kannst auch etwas Hühner- oder Rindfleisch im Eintopf mitkochen.
Alles, was schmeckt, ist erlaubt!

Hühnersuppe mit Buchstaben

für mindestens 4 Personen

Um eine Suppe zu kochen, brauchst du immer erst mal einen großen Topf!

Wenn du einen Topf gefunden hast, in den dein Suppenhuhn hineinpasst, dann kann es losgehen.

Das Gemüse und die Petersilie waschen. Den Stangensellerie, die Karotte und die Zwiebel in walnussgroße Stücke schneiden. Heb dir aber noch etwas für die Einlage auf! Zum Beispiel 2 Karotten, etwas von dem Lauch und auch Sellerie schmeckt gut.

Für die Einlage, die du erst am Schluss, wenn die Suppe fertig gekocht ist, dazugibst, damit das Gemüse schön knackig bleibt, musst du das Gemüse etwas kleiner schneiden. (Wenn du das fertig hast, einfach in einer Schüssel zur Seite stellen.)

Jetzt nimmst du das Suppengemüse und das Hühnchen und legst alles in den Topf. Streust die Pfefferkörner darüber und füllst den Topf, bis das Hühnchen bedeckt ist, mit kaltem Wasser auf.

Weil der Topf, wenn er voll ist, ganz schön schwer sein kann, kannst du ihn auch mithilfe eines Messbechers erst

Tipp:

Wer mag, gibt das Fleisch vom Suppen-huhn als Einlage in die Suppe. Oder du machst aus dem Fleisch einen Hühnersalat.

auf dem Herd auffüllen! Dann sparst du dir das Geschleppe. Jetzt muss die Suppe erst mal kochen, also den Herd anschalten auf die höchste Stufe und abwarten, bis die Suppe kocht.

Nachdem die Suppe einmal aufgekocht ist, den Schaum, der entsteht, mit einer Schöpfkelle vorsichtig abschöpfen. Den kann man nicht essen.

Jetzt muss die Suppe mindestens 3 Stunden köcheln. Wenn du aber länger Zeit hast, kann die Suppe auch einige Stunden so vor sich hinköcheln. Natürlich kannst du in der Zwischenzeit was anderes machen – spielen zum Beispiel. Pass nur auf, dass die Suppe nicht zu stark kocht.

Wenn die Hühnersuppe lang genug gekocht hat, schmeckst du sie mit Salz ab. Damit sie eine klare Farbe bekommt und

nichts Unerwünschtes mehr in der Suppe herumschwimmt, schöpfst du sie durch ein feines Sieb in einen anderen Topf. Davor nimmst du aber vorsichtig (!) das Suppenhuhn aus der heißen Suppe. Das Huhn auf einen Teller legen, damit es etwas abkühlt und du später das Fleisch abfieseln kannst. Lass dir helfen, das ist ganz schön heiß und schwer.

Du kannst die Brühe natürlich pur trinken oder du gibst jetzt die Buchstabennudeln und das Gemüse dazu und lässt alles für ca. 6 Minuten noch einmal richtig aufkochen.

In einem tiefen Teller mit frisch geschnittenen Kräutern oder der Petersilie schmeckt die Buchstabensuppe ganz besonders gut.

Schokopudding mit Orangenkompott

für 4 Personen

Für den Pudding:

50 g dunkle Schokolade

1/2 Liter Vollmilch

1 EL Kakaopulver (ungesüßt)

1 Prise Kardamom (gemahlen)

3-4 EL Zucker

2 EL Speisestärke

4 Orangen

2 Nelken

1 Zimtstange

4 EL Honig

4 EL Orangensaft

Schokolade mit 300 ml Milch in einem Topf zum Kochen bringen. Dann mit einem Schneebesen so lange rühren, bis sich die Schokolade vollständig aufgelöst hat.

Die restlichen 200 ml Milch mit Kakao, Kardamom, Zucker und Speisestärke gut miteinander verrühren, sodass keine Klümpchen entstehen. Mischung mit einem Schneebesen in die Schokoladenmilch rühren und das Ganze einmal aufkochen lassen. Solange rühren, bis die Masse dickflüssig geworden ist, dann auf vier Schälchen verteilen.

Nun die Orangen schälen und das Weiße gut entfernen. Die Orangen in etwa walnussgroße Stücke schneiden.

Erhitze dann in einem kleinen Topf den Orangensaft und gib alle Gewürze dazu. Für 5 Minuten köcheln lassen, dann vom Herd ziehen und den Honig darin auflösen. Dann können die Orangen zugedeckt für 10 Minuten in dem süßen Gewürzsaft ziehen.

Die Orangen mit dem Saft auf dem Pudding verteilen oder in einer Extraschüssel anrichten.

Lieblingsplätzchen

für 4 Personen

Meine Lieblingsplätzchen sind ganz einfache Butterplätzchen, die man aber immer je nach Lust und Laune mit allem Möglichen verzieren oder belegen kann: mit Schokostreuseln oder Zuckerguss, Marmelade oder flüssiger Schokolade.

Butter in einem Topf zerlassen, anschließend in eine Edelstahl- oder Porzellanschüssel geben und etwa 45 Minuten kalt stellen. Backblech mit Backpapier belegen. Backofen vorheizen (Ober-/Unterhitze: etwa 180 °C, Heißluft: etwa 160 °C.)

Die etwas fest gewordene Butter in der Küchenmaschine (Rührstäbe) rühren, damit sie geschmeidig wird. Nach und nach Zucker und Vanillezucker dazugeben und so lange rühren, bis die Masse weißschaumig geworden ist. Zwei Drittel des Mehls in kleinen Portionen unterrühren. Wenn der Teig fester wird, den Esslöffel Milch hinzufügen. Verknete den Teig mit deinen Händen mit dem restlichen Mehl zu einem glatten Teig.

Teig in kleinen Mengen auf einer leicht mit Mehl bestäubten Arbeitsfläche ausrollen, beliebige Motive, zum Beispiel Herzen oder Sterne, ausstechen und auf das Backblech legen. Auf mittlerer Schiene etwa 10 Minuten backen.

Danach einfach essen oder nach Lust und Laune verzieren.

Zutaten:

250 g Butter
175 g Zucker
2 Päckchen Vanillezucker
300 g Weizenmehl
etwa 1 EL Milch

Außerdem:

Backblech und Backpapier
Küchenmaschine mit Rührstäben

Tipp:
Lieblingsplätzchen sind super Geschenke! Einfach hübsch verpacken und als Geschenk mitbringen.

Das ist Slow Food

Slow Food ist eine internationale Vereinigung, die sich für gutes, sauber und fair produziertes Essen einsetzt.

Wir wenden uns gegen die Industrialisierung und Standardisierung von Lebensmitteln und setzen uns ein für eine verantwortliche Landwirtschaft und Fischerei. Dabei geht es zum Beispiel darum, dass die Böden geschützt werden, dass weniger oder gar keine Chemikalien eingesetzt werden, dass die Bauern ausreichend Geld für ihre Produkte erhalten, dass die Tiere artgerecht gehalten werden oder dass die Meere nicht zu stark befischt werden.

Slow Food fördert nicht nur eine handwerkliche und umweltfreundliche Produktion von Lebensmitteln. Der Verein vermittelt Kindern und Erwachsenen Geschmacksbildung und Lebensmittelwissen durch Produzentenbesuche, Messen, Märkte, Kochkurse, Verkostungen und andere Events.

Um Produzenten, Händler und Konsumenten in Kontakt zu bringen, organisiert Slow Food weltweit Netzwerke von Erzeugergemeinschaften und arbeitet daran, die biologische Vielfalt von Kultur- und Wildpflanzen sowie traditionelle und nachhaltige Anbau- und Verarbeitungsmethoden

zu erhalten. Das gelingt zum Beispiel über die Anlage von Gemüsegärten, Bewässerungsanlagen in Afrika und Südamerika.

Mit der „Arche" unterstützt Slow Food Aktivitäten, die sich für aussterbende regionale Tierrassen, Obst- und Gemüsesorten oder auch Lebensmittel einsetzen.

Um die Suche nach guten Restaurants zu erleichtern, gibt Slow Food den „Genussführer Deutschland" heraus.

Weitere und ausführlichere Informationen unter www.slowfood.de.

Das Slow Mobil

Eines unserer Anliegen ist es, Kinder und Jugendliche mit frisch und sauber produzierten Lebensmitteln vertraut zu machen und ihnen ein Bewusstsein für verantwortlichen Umgang damit zu vermitteln.

Aus diesem Gedanken heraus entstand 2007 das Münchner Slow Mobil: Eine Lehrküche für Kinder – aber kein Ort, zu dem die Kinder sich mühsam auf den Weg machen müssen. Diese Küche auf Rädern kommt zu den Kindern und parkt direkt vor der Schule, dem Hort, dem Kindergarten oder der Kinderklinik. Das Slow

Mobil bringt die Geschmacksschulung sowie die Idee von guten, sauberen und fairen Lebensmitteln sprichwörtlich in diese Einrichtungen. Dort können sie erfahren, wie man aus frischen, regionalen und saisonalen Lebensmitteln sehr leckere Gerichte kochen kann. Inzwischen hat unser Beispiel Schule gemacht: Es gibt Slow Mobile in Frankfurt, Karlsruhe, Stuttgart, Freiburg und eins in der Schweiz.

Dank liebenswerter und engagierter Geldgeber – allen voran die Bio-Stadt München mit unserem Schirmherrn Oberbürgermeister Dieter Reiter – wurde eine komplette moderne Küche in einem Bauwagen eingerichtet.

Unter Anleitung von ausgebildeten, engagierten Köchinnen und Köchen lernen Kinder mit Begeisterung und Spaß in einem gut drei bis vierstündigen Kurs vieles über unsere Lebensmittel und ihre Herkunft, lernen einfache Gerichte zu kochen, die sie zu Hause auch selber nachmachen und so auch ihre Eltern mit involvieren können.

Inzwischen sind wir einige Jahre unterwegs, haben viele Freundinnen und Freunde gefunden und werden immer wieder aufs Neue begeistert erwartet. Dabei haben wir viele Erfahrungen und Rezepte gesammelt, die nun in diesem tollen Kochbuch veröffentlicht werden.

Mehr Informationen zum Slow Mobil und dem Förderverein „Junior Slow e.V." findet ihr auch unter www. junior-slow.de

Und nun viel Spaß beim Kochen und guten Appetit wünscht

Rüdiger Nüchtern, Vorsitzender von Junior Slow e.V.

> ### Das Slow Mobil München:
> Ein ehemaliger alter Bauwagen, ausgestattet mit einer kompletten Küche und Arbeits- sowie Essplätzen für acht Kinder.

Das Slow Mobil [R]
rollt nicht nur in
München: Hier findet
Ihr weitere
Slow Mobile!

Slow Mobil Frankfurt
Junior Slow Frankfurt e. V.
Mörfelder Landstraße 77
60598 Frankfurt am Main
info@slowmobil-frankfurt.de
www.slowmobil-frankfurt.de

Slow Mobil Karlsruhe
Junior Slow Karlsruhe e.V.
c/o PRINZIP – der schauraum am ettlinger tor
Kriegsstraße 100
76133 Karlsruhe
info@slowmobil-karlsruhe.de
www.slowmobil-karlsruhe.de

Slow Mobil Freiburg (im Aufbau)
Junior Slow Freiburg e. V.
Gutleutstraße 35
79115 Freiburg
info@slowmobil-freiburg.de
www.slowmobil-freiburg.de

Slow Mobil Stuttgart
Junior Slow Stuttgart e.V.
Talstraße 41
70188 Stuttgart
Telefon 0176/47 35 34 70
mail@slowmobil-stuttgart.de
www.slowmobil-stuttgart.de

Slow Mobil München
Junior Slow e.V.
Herzog-Heinrich-Straße 8
80336 München
info@junior-slow.de
www.junior-slow.de

Weitere Informationen gibt's auf **www.slowmobil.de** und bei der Geschäftsstelle von
Slow Food Deutschland: **Slow Food Deutschland e.V.**, Luisenstraße 45, 10117 Berlin,
Telefon 030/246 259 39, info@slowfood.de, www.slowfood.de

„ ... und nun viel Spaß beim Kochen und guten Appetit!"

Verlag | ID: 128-50040-1010-1082

Dieses Buch wurde klimaneutral hergestellt. CO_2-Emissionen vermeiden, reduzieren, kompensieren – nach diesem Grundsatz handelt der oekom verlag.

Unvermeidbare Emissionen kompensiert der Verlag durch Investitionen in ein Gold-Standard-Projekt. Mehr Informationen finden Sie unter www.oekom.de.

Bibliografische Information der Deutschen Nationalbibliothek:
Die Deutsche Nationalbibliothek verzeichnet diese Publikation in der Deutschen Nationalbibliografie; detaillierte bibliografische Daten sind im Internet unter http://dnb.d-nb.de abrufbar.

© 2015 oekom, München
oekom verlag, Gesellschaft für ökologische Kommunikation mbH,
Waltherstraße 29, 80337 München

Illustrationen: Susanne Leontine Schmidt
Gestaltung: Barbara Kleiber-Wurm
Druck: AZ Druck und Datentechnik GmbH, Kempten
Dieses Buch wurde auf 100%igem Recyclingpapier gedruckt.

ISBN 978-3-86581-738-9

Gut, sauber und fair.
Das Slow Food Magazin

meinungsstark
Beiträge zu Politik
und Gesellschaft

saisonal
innovative Rezept-
ideen mit saisonalen
Zutaten

köstlich
Sommelière Ursula
Heinzelmann
verkostet Weine
und Speisen

regional
Reisen für den
Genießer

aktuell
Dossiers zu
Lebensmitteln
& Ernährung

Slow Food
Deutschland e.V.